VIÁTICO

un viaje al corazón del silencio

César Cid

Colección Exit narrativa

© de los textos: César Cid
© de la presente edición: Exit editorial
© Maquetación de portada e interior: Exit editorial
© Imagen de ilustraciones: Generadas por I.A.

BLB CONSULTORES REGISTRALES E HIPOTECARIOS S.L.
B86927563
Calle Chopos, 31, 28221 Majadahonda
Teléfono: 616985408 / 673161172
Email: comunicacion@exitcomunicacion.com
Página Web: www.exitcomunicacion.es

Primera edición:
ISBN: 979-13-990585-3-6
Depósito legal: M-22529-2025
Impreso en España

ÍNDICE

VIÁTICO
Un viaje al corazón del silencio
César Cid Gil
2025

Para Jesús Escribano y Mayte Pérez, testigos privilegiados del amor de Dios

Tenemos conciencia de llevar en nosotros algo más grande y necesario que nosotros mismos; algo que existía antes que nosotros y que hubiera podido continuar existiendo sin nosotros; algo en lo que vivimos y no agotamos; algo de lo que nos beneficiamos, pero cuyos dueños no somos. Algo que habrá de acogernos cuando escapemos a nosotros mismos por la muerte y parezca que va a disiparse todo nuestro ser.

Pierre Teilhard de Chardin

"Aun cuando nuestro ser humano exterior se vaya deteriorando, nuestro ser interior se renueva de día en día". **(2 Cor 4, 16)**

"¡Soñamos con viajes por el universo! ¿Acaso en universo no está en nosotros? No conocemos las profundidades de nuestro espíritu. La senda misteriosa va hacia dentro. La eternidad con sus mundos, el pasado y el futuro, está en nosotros o en ninguna parte".

Novalis

"Lo que la más orgullosa pretensión de los espíritus en las profundidades o en las alturas alcanza, lo he recibido en ti con creces, desde que mi alma te siente y te barrunta.

Fiedrich Hölderlin

AGRADECIMIENTOS

Gracias a Rodrigo González Prieto y a Ramón Cabezas por su amistad y compromiso espiritual con la humanidad. Su conocimiento y enseñanzas sobre el mundo espiritual me animaron a escribir este relato iniciático trascendente, con la intención de facilitar el tránsito a la eternidad a todos los viajeros posibles.

Gracias a Jesús Morante, amigo y referente en la dedicación a los que sufren.

Agradezco especialmente a Estela Maris Hernández, Embajadora de Mil Milenios de Paz en España. Sin su pasión y la colaboración del grupo de voluntariado creado por ella E.S.T.A.R., nada de esto sería posible.

Mil Milenios de Paz
Fundación

PRÓLOGO

No esperes lo de siempre. No basta con hacer el ejercicio de abrir el libro y empezar a leer, quizá con el ceño fruncido, buscando sentido. Este texto no se lee como cualquier otro. Viático se lee con la intención de quien está dispuesto a morir un poco —no por dolor, sino por revelación—. Quien se adentra en estas páginas no encuentra una historia: encuentra un tránsito. Un descenso amoroso al centro más secreto de uno mismo, como si Dante hubiera cambiado la severidad de su Infierno por la caricia de un guía silencioso que no juzga, sino acompaña.

No es fácil explicarlo, y menos desde el lenguaje de la razón. Lo que este libro ofrece es una liturgia íntima, una fábula luminosa escrita con los códigos del silencio, de lo no dicho, de lo que solo se comprende al borde del abismo y al final de los tiempos. Es el tipo de texto que parece susurrado desde otra orilla, como si su autor hubiese puesto un pie más allá de la vida y regresado para dejarnos un mapa del interior de cada uno de nosotros.

Es una obra sobre la desnudez. La temblorosa y firme desnudez del alma cuando se enfrenta, no a su final, sino a su principio más puro. Al leer este libro se experimenta lo que en *La muerte de Iván Ilich* de Tolstói nos enseña en el último suspiro: el descubrimiento de que todo, incluso lo no vivido, puede tener sentido si es mirado con amor. La muerte, aquí, no es el final.

Sin que la condición de hija del autor interfiera, puedo decir que este libro no me ha enseñado solo a morir, sino a vivir sabiendo que la muerte es apenas un pliegue más del alma. Hay algo en su estructura —aparentemente simple, profundamente simbólica— que recuerda a El libro tibetano de los muertos o a La Divina Comedia: el viaje iniciático, el descenso purificador, el reencuentro con lo esencial. Pero Viático no necesita apoyarse en doctrinas ni alegorías teológicas. Su fuerza está en el tono.

Urán, el protagonista de esta travesía interior, no es un héroe ni un santo. Es, más bien, un espejo donde todos podemos reconocernos: frágil, dolido, esperanzado. A través de él, asistimos a un acto de revelación profunda: cada paso suyo no es un paso hacia fuera, sino un descenso amoroso hacia adentro. El protagonista no busca entender, sino entregarse. Y en ese abandono, descubre lo que muchos nunca se atreven a mirar: que el juicio final es, en realidad, una mirada de amor absoluto.

Viático no es un libro espiritual en el sentido evasivo que tantas veces se le da a esa etiqueta. Es, más bien, una obra profundamente encarnada, que bebe de las fuentes del misticismo —San Juan de la Cruz, Rumi, Teresa de Ávila—, pero también de la psicología profunda y la literatura que no teme a lo invisible. Su autor ha tenido el valor de no eludir ninguna herida, de mirar cada sombra con una lámpara encendida por dentro. Como Job, no busca entender el misterio: lo habita.

Ahora que dos corazones laten en mí, puedo confesar que, desde que leí este texto, ya no contemplo el silencio, la ausencia o la muerte con los mismos ojos. Porque Viático no te prepara para morir.

Desvela que cuando llegue ese momento, el alma no debe temblar de miedo, sino de reconocimiento.

No lo leas con prisa. Ábrelo como quien descalza el corazón. Y deja que te lleve. No recorras el viaje con los pies, hazlo con el alma. Y entonces lo comprenderás: no has leído un libro, has ensayado el regreso.

Por cierto, una parte de mí se ha quedado en *El Lugar de las Canciones Olvidadas* para siempre. Nunca pensé que un texto me hiciera sentir a qué suena la vibración de lo que en muchas ocasiones fui incapaz de expresar. Ama, vive y perdona mucho.

Bárbara Cid

SILENCIO.

Hay un segundo —ni antes ni después— en que todo se pliega hacia adentro, como si el alma, cansada de mirar el mundo con los ojos del cuerpo, decidiera recogerse en sí misma, como una flor al atardecer. Es un instante sin nombre, como de voz enamorada, una rendija abierta en el tiempo y un cobertizo a la vez, por donde se cuela la eternidad.

El corazón ya no late por costumbre, sino por gratitud. La respiración deja de ser necesidad y se convierte en excusa acelerada. Todo se ralentiza, aunque no llega a detenerse. Simplemente toma forma sagrada. Los rostros amados pasan como hojas al viento, sin tiempo para reaccionar... Sin tristeza, con dulzura.

El dolor ya no muerde. La memoria ya no pesa y el miedo se abandona.
Queda solo la luz. Una luz sin bordes, que no ciega ni quema, que solo recuerda. Y en esa claridad última se escucha por

fin lo que siempre quiso decirle el mundo: "Has vivido".

No hay juicio, ni balanza, ni cuentas que saldar. Solo la certeza tibia de haber sido parte de algo inconmensurable, incluso en la más diminuta lágrima. Se abre ante él la bolsa de las sonrisas que fue recogiendo desde el inicio de su vida mortal, cada vez que su corazón dijo adiós. Escogió la de su madre, Virgilia, a quien nunca fue capaz de pedírsela en vida. Fue el único deseo que verbalizó antes de desvestirse. El alma, ahora, se desnuda de palabras y se ofrece al silencio.

UMBRAL

Sin ruido ni voces. Sin trueno ni clamor. Solo un leve estremecimiento en sus párpados. No existe palabra más noble para definir su estado. El mundo, teatro de espejos, se apaga ya sin violencia, como una lámpara que reconoce su fin. El cuerpo respira, solo como un eco. Los sonidos llegan suavemente a través del agua. El tacto ya se ha diluido. El nombre, ya olvidado.

Sin embargo, ahí está él, más despierto que nunca. Enfrente se abre un sendero sin tierra, ni piedra, ni cielo. Es una grieta en el tiempo, hendida en la tela invisible que separa la carne del espíritu. A su lado, una figura envuelta en claridad calla con la autoridad de quien lo ha visto todo.

—¿Dónde estoy? —preguntó mentalmente.

—Donde siempre estuviste, pero ahora puedes verlo —respondió la voz ausente.

No es un lugar, es un estado. Allí donde no existe ya el futuro ni el pasado y la vida comienza a contarse hacia dentro. El hombre alza una mano, y con ella, un recuerdo. La infancia surgió como un jardín incendiado por el tiempo. La juventud, un río torcido por decisiones no dichas. El amor, una constelación fragmentada. Y todo ello flotando en el aire como hojas despegadas de un árbol que ya no existe.

—Cada uno de estos momentos será un peldaño —dijo la figura—. No subirás ni bajarás. Descenderás hacia ti mismo.

Entonces lo comprendió: no es la muerte, más bien la verdad disfrazada de final. El inicio de un viaje tallado con sus propios errores, sueños y silencios. Y dio el primer paso.

EL VALLE DE LOS LAMENTOS

El paso lo lleva a una tierra sin sol ni sombra. Una llanura blanda, cubierta de neblina tibia, donde el cielo no es cielo, sino un techo de suspiros detenidos.

No había camino y sin embargo sus pies sabían a dónde ir.

—Este es el Valle de los Lamentos —dijo el guía—. Aquí reposan las lágrimas que no supiste llorar.

A cada paso, la bruma se abre como si temiera ser mirada. Y allí, entre la niebla, comienzan a brotar figuras: pequeñas casas de cartón, una bicicleta oxidada, un perro aviejado que mira con ojos de su niño perro. Todo está cubierto de una pátina gris, como si el tiempo aquí hubiese decidido detenerse antes de aprender a envejecer.

Y entonces escuchó su voz. No la voz de ahora, sino la de un niño. Su voz, intacta, llamando a una madre que no respondía.

—¿Quién eres? ¿Por qué me traes aquí? —preguntó, deteniéndose.

El guía no respondió. Le bastó con señalar un árbol. Bajo sus raíces, oculto en una cápsula de vidrio, duerme un recuerdo: su primera pérdida.

Un pez dorado flotando sin vida en una pecera.

La mirada muda de un padre.

La ausencia inexplicable.

El mundo, de pronto, sin respuestas.

—Aquí aprendiste que todo muere —murmuró el guía—. Pero nadie te explicó qué hacer con eso. Por cierto, mi nombre es Morah. En algún momento lo recordarás.

Urán sintió el nudo en la garganta. Recordó el olor del agua estancada, el silencio en la cocina, las palabras de su padre: "Las cosas mueren. Así es la vida". Nadie le dio permiso para llorar. Nadie le dijo que el dolor no era el pez, sino el nudo que tragó como una piedra.

De rodillas, tocó la cápsula. No con fuerza, sino con rendición. El cristal se quebró sin ruido. Y al hacerlo, una brisa cálida barrió la niebla. Las casas comenzaron a brillar. El perro corrió alegre entre las ruinas.

El niño que fue, le sonrió sin decir nada y desapareció entre la luz.

—Un lamento entendido es un peldaño borrado —dijo Morah—. Podemos seguir.

Y siguieron. Sin mapa, sin decir nada, en silencio.

EL ATRIO DE LOS INNOMBRABLES

El sendero lo lleva a una vasta sala sin muros, sin techo, rodeada de columnas infinitas que sostienen algo inabarcable a la vista. El suelo es de obsidiana pulida y en él se reflejan figuras humanas. Muchas, innumerables, caminando en círculos. Altos, bajos, delgados, encorvados, algunos desnudos, otros envueltos en harapos de luz, todos sin rostro. Donde debía haber ojos, boca, expresión... solo piel tersa. Limpia y vacía. Sin embargo, los sentía mirarlo. No con los ojos, sino con una sed muda, atávica.

Algunos se detenían a su paso. Otros pasaban junto a él como si no existiera.

—¿Quiénes son? —preguntó, con un nudo en la garganta.

Morah, que había vuelto a su lado sin anunciarse, respondió:

—Son los que aún no saben mirar. Nunca vieron a nadie más que a sí mismos. Y ni siquiera bien. No se permitieron ser vistos. Se escondieron tanto que olvidaron su forma.

No tienen rostro porque nunca decidieron vivir una relación sincera.

Urán se acercó a uno de ellos. Un niño, o un ser con cuerpo de niño, le tendió una mano. Pero en cuanto Urán vaciló, el niño retrocedió y se perdió en la multitud.

—¿Alguno se ha liberado? —preguntó, sorprendido.

Morah asintió lentamente.

—A veces, uno recuerda. No todo a la vez. A veces, con un gesto, o con una lágrima. Tú estuviste entre ellos, Urán, hace mucho tiempo.

El protagonista tembló. En uno de los reflejos vio su propio rostro y por un instante, también lo vio borroso.

—¿Sabes mi nombre? ¿Qué debo hacer aquí?

—Mirar. Mirar de verdad. Y dejarte ver —sentenció el guía.

Entonces comprendió. El Atrio de los Innombrables no es un lugar de juicio, sino de revelación. Decidió quedarse y mirar a cada ser sin rostro, nombrándolos en silencio con la ternura que nadie les ofreció. Sintiendo cómo, en lo más profundo, algo en él también se volvía más nítido, más vivo.

En la distancia, uno de los seres sin cara cayó de rodillas. De sus ojos invisibles brotó una lágrima. Y en ese instante, un rostro comenzó a formarse extraordinariamente.

—Has abierto un espejo —dijo Morah—. Podemos continuar.

Y con un paso más dejaron atrás el Atrio.

LA TORRE DE LOS DESEOS INCUMPLIDOS

El camino se inclinó hacia arriba, como una espiral de humo que asciende por un vacío sin fin. La piedra bajo sus pies era blanda, casi viva, y cada paso costaba más que el anterior. No era el cansancio del cuerpo, sino el peso de todo aquello que alguna vez quiso y no fue.

En lo alto, entre la niebla dorada, surge una torre negra, sin ventanas ni puertas visibles. Se alza como un dedo que acusara al cielo, aunque su presencia no resulta amenazante.

—Has llegado a la Torre —dijo Morah con voz contenida—. Aquí duermen las posibilidades que no florecieron. Las promesas no cumplidas. Las decisiones no ejecutadas.

–Ni siquiera me has preguntado el nombre y lo sabías..., ¿cómo es posible? –

–Eso ahora no importa. Lo entenderás muy pronto–.

Urán alzó la vista. Sintió su corazón temblar. Sabía qué encontraría allí: lo que no fue, lo que nunca pudo ser. Un susurro lo rodeó. No venía de afuera, sino desde las paredes mismas: "¿Recuerdas cuando quisiste cantar y callaste? Cuando pensaste en irte y te quedaste? Cuando amaste en silencio? Cuando soñaste con otro futuro?"

Las palabras no lo hirieron. Cada una era un espejo. No del fracaso, sino de cada elección.

Morah tocó la piedra. Se abrió como un párpado.

En su interior, la torre no tenía escaleras, solo plataformas flotantes, cada una sostenida por una estrella caída. Y sobre cada plataforma, una escena congelada en el tiempo. Momentos de su vida que nunca hubiera recordado.

Allí estaba él, joven, en una estación de tren que nunca abordó.Allí, rechazando una carta que jamás leyó. Allí, negándose a pedir perdón por orgullo.

Caminó en silencio entre esos fragmentos. Sintió nostalgia, sí, pero también respeto. Sintió que no todo deseo no cumplido supone una pérdida. Algunos eran formas misteriosas de protección. Otros, simples desvíos necesarios.

—¿Puedes perdonarte por no haber sido todo lo que quisiste? —preguntó Morah desde la altura de su mirada.

Urán bajó la cabeza; instantes después la alzó.

—Sí —respondió—. Porque lo no vivido también me hizo ser y sentir, o al menos eso creo.

La torre vibró. Una a una, las escenas comenzaron a disolverse como hojas llevadas por un viento suave y dulce. Solo quedó una luz suave, palpitando en el centro. Morah la tomó con cadencia ritual y la puso delicadamente en las manos de Urán.

—Éste es tu verdadero deseo —dijo—. No uno de los que pensaste, sino el que te sostuvo en secreto todo el tiempo.

Urán lo guardó en su pecho. Y al hacerlo, la torre se desmoronó sin ruido. No como algo que cae, sino como algo que por fin descansa. Y juntos, continuaron el camino.

EL JARDÍN DE LOS AMORES PENDIENTES

Tras la desaparición de la torre, el sendero se abrió hacia un valle cubierto de flores pequeñas de extraordinaria belleza. Ante sus ojos, un jardín de apariencia fantástica. El aire olía a carta sin enviar, a piel nevada, a palabras que murieron en la boca.

—¿Dónde estamos ahora? —preguntó Urán, con una inquietud evidente.

—En el Jardín de los Amores Pendientes —respondió Morah—. Aquí florecen todos los vínculos que no llegaron a su fin, los que nunca fueron capaces de empezar a amar realmente.

Urán avanzó despacio entre tallos muy altos, escrupulosamente ordenados. Cada flor tenía un color distinto, una forma irrepetible. Al rozarlas, sus pétalos le susurraban nombres. Algunos conocidos, otros olvidados. Uno, en particular, que arde como un viejo eco.

Ante un banco de piedra, la silueta de alguien que lo amó una vez, de rostro indefinido.

—Te esperé mucho tiempo —dijo la figura, dirigiéndose a Urán.

—Tuve miedo.

—Lo sé. Pero el amor no se exige. Solo se revela.

La figura se deshizo en una lluvia de pétalos que giraban en torno a su pecho.

Más allá, vio el reflejo de su madre en un lago inmóvil. Luego, el rostro de una amiga que quiso mucho. Una amante a la que hirió... Cada uno de ellos le devolvió la mirada sin rencor, como si todo estuviera contenido en un solo gesto: sentir en silencio, sin palabras.

—Amar no es poseer —murmuró Morah—. Es haber tocado una verdad que no necesita quedarse para haber sido real.

—No sé si te entiendo, amigo —dijo Urán—. Pero me serena escucharte.

El jardín no pedía cerrar heridas, sino agradecerlas.

—Entonces, ¿estos amores vivirán aquí por siempre?

—No necesariamente —sentenció el guía—. Cuando los aceptes sin intención de cambiarlos, dejarán de habitarte. Pero siempre serán parte de ti.

Urán recogió una sola flor. Era un diente de león, blanco como la nieve, perfecto en su redondez, temblando apenas con el viento. Lo reconoció: era el mismo que crecía en el patio de su casa cuando era niño, el que su madre le enseñó a soplar: "Pide un deseo."

Pero ahora no pidió nada. Solo lo miró. Y en sus pétalos, vio rostros: el de su primer amor, el de la amiga que perdió, el de su madre, el de aquel que amó en silencio. Extendió la mano. No para cortarlo. Para honrarlo.

Una brisa suave lo acarició. Y una a una, las semillas comenzaron a desprenderse. No se dispersaron. Volaron en círculo, como si lo despidieran. Luego, se alinearon en el aire, formando un sendero de luz que se perdía en la lejanía.

Lo guardó en su memoria.

Y el jardín lo despidió sin cerrar sus puertas, como si supiera que el amor verdadero nunca se despide: se transforma.

—¿Podemos seguir?

El guía asintió. Y en la lejanía, comenzó a oírse música. Vieja, hermosa, herida. Notas sueltas arrastradas por el viento.

—Nos llama El Lugar de las Canciones Olvidadas —dijo Morah—. Allí donde habitan los sonidos que alguna vez dieron forma a tu alma.

EL LUGAR DE LAS CANCIONES OLVIDADAS

Descendieron en silencio por una escalera que no parecía tallada, sino soñada. Cada peldaño emitía un leve acorde al ser pisado, como si cada paso resonara con una música antigua. Al fondo, se abrió una gran puerta de madera viva, sin cerradura. Bastaba haber sentido alguna vez el temblor que produce una canción incomprendida y la puerta se abría sola. Urán contuvo el aliento.

Una sala inmensa sin divisiones. Solo columnas de luz suspendidas en la penumbra. El aire huele a incienso y lluvia. En el centro, un círculo de sillas vacías rodea lo que parece un instrumento invisible, que no para de sonar. Allí están ellos, los Maestros Eternos. Sin edad, sin nombre. Unos visten túnicas hechas de partituras vivas. Otros, ropajes de silencio. Todos, de ojos profundos, como lagos quietos con brillo de auroras.

—¿Quiénes son? —preguntó, sin atreverse a alzar la voz.

Morah se inclinó, en un gesto de profunda reverencia.

—Los que velan las melodías que un día olvidamos cantar.

Los Maestros no hablaban. Pero uno de ellos, con dedos como ramas de sauce, alzó su mano con ritmo ritual. De pronto, la sala se llenó de sonidos.

Una melodía suave, incompleta, quebrada en lugares donde debió haber florecido. Era hermosa. Y terriblemente conocida.

—Es... ¿mía?

Morah asintió.

—Son las canciones que nacieron en ti: Cuando miraste el cielo de niño y no supiste por qué llorabas.

Cuando una pena te desgarró y no supiste cómo decirla. Cuando amaste, cuando esperaste, cuando fuiste silecio.

Urán cayó de rodillas, urgido por la revelación reciente. Uno a uno, los Maestros se pusieron en pie. Y comenzaron a tocar con él. Sin instrumentos, con la vibración misma de la memoria. Y en ese instante su alma se convirtió en coro. Risas perdidas, el murmullo del río que escuchó a los seis años, el canto de su madre dormida, la primera vez que sintió amor bajo una lluvia tibia... Todo estaba allí. Cantado. Devuelto.

Al llegar al último acorde, el Maestro mayor se acercó y puso algo en sus manos. Era una nota suelta. Una que nunca llegó a escribirse.

—Esta es tu canción futura —le dijo con voz de viento—. La cantarás al final del viaje, si aprendes a escucharla...

El protagonista la guardó como un talismán. Y mientras abandonaban la sala, las voces de los Maestros los siguieron como una promesa.

No se despidieron. La música nunca dice adiós.

EL TRONO DEL ESPEJO ROTO

El camino se cerró tras él con un golpe sordo. Delante no había tierra ni cielo, solo una vasta sala de mármol negro, tan pulido que reflejaba incluso la imaginación del caminante. Sin ventanas, solo espejos. Muchos, centenares de espejos. Altos como columnas, curvos, torcidos, agrietados... Cada uno devolvía una versión distinta del rostro del viajero: uno triunfante, otro herido, uno cruel, uno irresistible, uno que lloraba, otro que reía sin parar. Y al fondo, elevado sobre escalones de cristal, un trono vacío.

—¿Qué es este lugar? —preguntó Urán, mientras una nube de aire plomizo acariciaba su rostro.

—Este es el Salón del Ego —respondió Morah—. Aquí reina lo que creíste ser.

Urán dio un paso. El eco de su pisada lo siguió como si lo juzgara.

—¿Y ese trono?

—Es tuyo. Y de todos los que se sentaron por ti: El niño que quiso ser aplaudido, el joven que construyó muros para no ser herido, el adulto que confundió reconocimiento con amor.

La sala comenzó a temblar. Uno de los espejos estalló. De él surgió una figura vestida de oro, con su rostro, aunque solemne, muy bello, más seguro... Caminaba como un rey con mirada de dios.

—Soy tú cuando necesitaste ser admirado —dijo la figura, con una sonrisa cruel—. ¿Ya me has olvidado?

Después, otro espejo se rompe. Surge una sombra temblorosa, con su misma voz, más aguda.

—Soy tú cuando solo buscabas que te quisieran. Cuando te disfrazabas de lo que no eras, para no ser abandonado.

Y así, uno tras otro, todos los rostros del ego. Algunos arrogantes, otros patéticos, pero todos verdaderos en algún momento. El protagonista cayó de rodillas.

—No los odio —murmuró.

—Tampoco los ames —dijo Morah—. Agradece y déjalos ir.

El protagonista se puso de pie y avanzó hacia el trono. No se sentó. Lo tocó con la yema de los dedos... y al hacerlo, el trono se quebró. Los espejos comenzaron a deshacerse, no en pedazos, sino en luz. Las figuras se desvanecieron, no como si fueran enemigos derrotados, sino como actores que terminan una obra.

—¿Entonces no era yo?

—Eras. Pero no todo tú, solo una parte. Y con eso, el ego se replegó. No destruido, comprendido. Porque el verdadero poder no está en vencerse, sino en mirarse sin necesidad de vencer. La sala se desvaneció. Y el camino se abrió de nuevo.

EL HOSPITAL DE LAS ALMAS

Tras dejar atrás los fragmentos del ego, Urán caminó por un pasillo estrecho de piedra blanca, iluminado por un resplandor suave de origen invisible. Al fondo, las puertas se abrieron silenciosamente y lo recibió el Hospital de las Almas.

No era un hospital como los del mundo físico. No había camas alineadas, ni tubos, ni paredes estériles. Era una gran sala circular, con techos altos sostenidos por pilares de cristal traslúcido. El aire era denso, aunque provocaba paz y serenidad. A lo largo de la sala, las almas enfermas reposaban envueltas en luz tenue. Algunas dormían. Otras susurraban oraciones sin lenguaje. Otras simplemente lloraban, con la serenidad de quien por fin puede hacerlo.

—¿Qué es este lugar? —preguntó Urán, sintiendo cierta ligereza en sus huesos.

—Aquí llegan los dolores que elegiste llevar contigo más allá del cuerpo —dijo el guía—. Las penas que no supiste soltar en vida.

El protagonista observó a una de las almas. Su rostro era sereno, pero de su pecho brotaba un hilo oscuro, como un cordón que aún lo unía a un recuerdo no resuelto. A su lado, un ser envuelto en túnicas claras lo tocaba con una especie de vara sonora. Y poco a poco, el hilo se deshacía en canto.

—Son los cirujanos del alma —explicó Morah—. No cortan, no cosen. Desanudan.

Urán fue conducido al centro de la sala. Allí, un lecho de obsidiana lo esperaba. Sobre él, una losa suspendida como un espejo. Y en ese reflejo, no vio su cuerpo, pero sí cada una de sus heridas: El abandono, la traición, el autoengaño, la culpa no dicha, el dolor heredado.

Los Maestros cirujanos se acercaron sin caminar. Sin palabras, con suaves entonaciones. Cada uno sostenía un instrumento: campanas, cuencos, hilos de fuego, plumas de sombra. Y comenzaron. Sin dolor. Solo una vibración profunda, como si el alma, por fin, fuera tocada en sus capas más antiguas.

Sintió salir de sí fragmentos que llevaba adheridos como costras invisibles: Rostros, palabras que no perdonó, ausencias...

—¿Morir es esto? —susurró Urán.

Morah, ahora envuelto en una luz que parecía desbordarlo, respondió: —Morir es volver a nacer sin las vendas. Y tú estás casi listo.

Los cirujanos dieron un último paso. Sellaron su alma con una melodía. Y en su pecho, donde antes había dolor, surgió una lámpara encendida.

El protagonista se incorporó. No lloró, pero en sus ojos se instaló una claridad de otro mundo. La sala lo despidió en silencio. Y al cruzar el umbral supo que el final del viaje se acercaba. Sin miedo alguno. Porque el alma que sana camina sin miedo.

EL AREÓPAGO DE LOS CONDENADOS

La luz que lo envolvía hasta entonces se desvaneció como un suspiro. El suelo se volvió metálico, irregular, como un desguace de sueños. No olía a azufre, ni a fuego, ni a muerte, pero sí a vacío, a ausencia de propósito, a decisiones estancadas.

Frente a él se alzaba el Areópago de los Condenados, una vasta estructura circular, como un anfiteatro antiguo, construido a base de vidrio negro y acero oxidado. Miles de asientos ascendían en espiral, cada uno ocupado por figuras inmóviles, apenas humanas, con el rostro cubierto por pantallas.

—¿Qué lugar es este? —preguntó, aunque ya sentía la respuesta en su estómago.

—Aquí se juzgan los que se juzgaron a sí mismos sin amor —respondió Morah—. No por sus errores, sino por haberse detenido en la ignorancia de sí.

El protagonista miró a la zona de los asientos. Cada figura tiene en sus manos un dispositivo: una pantalla que muestra, una y otra vez, el momento que definió su desgracia. Un gesto de desprecio. Un abuso no reconocido. Una traición justificada. Una omisión. Una palabra no dicha que hubiera rescatado a otro.

—¿Están muertos?

—No todos. Algunos aún caminan entre los vivos. Otros llevan aquí siglos, repitiendo su última mentira, sin verla siquiera. El Areópago no impone castigos; refleja, muestra. Y lo insoportable es verse sin escape.

El protagonista contempla a un hombre de traje, repitiendo una venta fraudulenta, a una madre que grita sin cesar a una niña invisible, a un joven que ríe mientras otro cae al suelo. Y en medio de todos, una mujer sentada en silencio, llorando sobre una palabra que nunca pidió perdón.

—¿Puedo hablarles?

—No a todos. Solo a uno.

Urán camina entre las gradas, sube lentamente hasta detenerse frente a un reflejo que lo estremeció. Allí estaba él. Otro él. Una versión suya, congelada en un momento que había olvidado... o preferido no recordar.

—Yo era joven y orgulloso —recordó con dolor—. Dije algo cruel a alguien que me amaba... ¿Esto me condena?

—No —dijo el guía desde abajo—. Pero si lo ignoras puede encadenarte.

El protagonista se acercó a sí mismo: no para negar, no para justificar, solo para decir:

—Te veo. Te perdono. Pero no te llevo conmigo.

Entonces su reflejo bajó la cabeza. La pantalla se apagó y el asiento quedó vacío. Uno a uno, algunos de los rostros comenzaron a desvanecerse. Otros no, aún no estaban listos.

—¿Qué es el infierno? —preguntó Urán.

—El lugar donde nadie se atreve a abrazarse.

Y con eso, abandonaron el Areópago. Detrás, las pantallas seguían parpadeando. Pero uno de los tronos quedó libre. Y no era poca cosa.

EL JARDÍN DE LOS ORÍGENES

El paisaje cambió lentamente, como una página que gira sin ser tocada. Del gris apagado del Areópago emergió una bruma luminosa, húmeda, que olía a tierra recién batida. Y al cruzarla, Urán se encontró de pie en un valle inmenso. Un jardín antiguo, sin senderos marcados, donde cada flor parecía contener una historia. Los árboles eran altos y suaves, sus copas tejidas con luz, y sus raíces sumergidas en ríos de memoria. Un cielo sin sol, de un brillo sobrenatural.

Allí lo esperaba una figura conocida. Su abuela —no como la recordaba en sus últimos días, sino joven, radiante, con la misma ternura en los ojos.

—Te esperábamos —dijo ella. Su voz hizo sentir a Urán un abrazo que lo atravesó entero.

—¿Dónde estoy?

—En el lugar de la Verdad. Aquí se revelan los lazos que nunca se rompieron.

Comenzaron a llegar otros seres... Un amigo de la infancia que partió demasiado pronto. Su padre, más sereno que nunca, con los ojos llenos de cosas no dichas y ya perdonadas. Una hija que no nació, envuelta en un resplandor dorado. Un enemigo, que lo miró con respeto, como un maestro sereno. Todos ellos sonrieron. No con nostalgia, con gratitud.

—Cada uno tuvo una tarea —dijo Morah, que se mantenía a una distancia respetuosa.

Entonces el Jardín habló. Le mostró escenas olvidadas, gestos pequeños que marcaron destinos:
Una palabra dicha en el momento justo.
Un acto de valentía invisible.
Una herida abierta.
Una muerte que reveló vida.

—¿Y yo? —preguntó Urán—. ¿Cuál fue mi labor?
El jardín enmudeció. Todos lo miraron. Y entonces, la voz de Morah, más dulce que nunca, dijo:
—Tú fuiste el que caminó. El que no se detuvo. El que quiso ver. Y eso, entre los mundos, vale más que mil milagros.

Urán lloró de gozo. Entendió que el amor no es una línea que empieza y acaba: es una red. Un río subterráneo. Un pacto sagrado.

Cada ser amado volvió a él una última vez, no con palabras, con su noble presencia. Y uno a uno, se fueron elevando hacia la niebla superior, dejándole algo en la mano:

Un recuerdo.

Un perdón.

Una bendición.

Hasta que quedó solo. Pero no vacío. El camino se abrió, recto y suave.

Percibió un brillo intenso al final. Entre los árboles de luz comenzaron a descender formas pequeñas desde las copas. Dulces, envolventes. No caminaban. No lloraban. No hablaban. Brillaban. Eran niños no nacidos.

Almas antiguas, sin cuerpo. Presencias que nunca tocaron la tierra, pero que desde lo invisible alumbraron cada paso del protagonista. Pequeñas luces flotantes que giraban en espirales suaves, como si danzaran al ritmo de un himno secreto. Sus rostros no eran del todo visibles, pero sus miradas eran inconfundibles: esculpidas con delicadeza sagrada.

—¿Quiénes son? —preguntó Urán, impresionado.

El guía se inclinó, y su voz tembló con una reverencia distinta:

—Son los hijos del alma. Los que no llegaron a la vida, pero nunca se alejaron. No son ausencia, son luz. Cada uno de ellos te ha acompañado desde el otro lado del velo. Han sido faroles encendidos en tus noches más oscuras, y silencios que te orientaban cuando creías estar perdido. Duermen con el Padre cada noche, envueltos en su abrazo, y despiertan cada amanecer para guiar los pasos de quienes los esperan sin saberlo.

El protagonista sintió cómo una de esas luces se posaba sobre su pecho. No pesaba, no quemaba, como si hubiera estado siempre en él. Y entonces comprendió que lo que no fue, también es. Que lo que no nació, también vive. El amor no conoce frontera entre mundos.

Las almas queridas lo rodearon una última vez con miradas agradecidas. Los niños-luz ascendieron lentamente y se acurrucaron en la copa del Misterio para descansar, allí donde la noche reposa en los brazos del Eterno. Y cuando Urán quedó solo no se sintió vacío, una maravillosa plenitud llenó su pecho.

El camino final estaba cerca, pero no caminaba solo. Nunca lo hizo.

REGRESO A CASA

Después del Jardín de los Orígenes, el camino se volvió vapor. Morah se detuvo.

—¿No vienes conmigo? —preguntó Urán.

El guía sonrió, como si hubiera estado esperando esa pregunta desde el principio, con lágrimas en los ojos.

—Mi tarea termina aquí. Más allá, nadie puede guiarte. Solo el que eres —respondió el guía fiel.

Y sin otro gesto, se desvaneció como una llama que se apaga sin viento.

El viajero miró alrededor. Estaba solo, pero curiosamente no se sentía perdido. Frente a él se extendía un bosque blanco. No era nieve, ni luz, algo indefinido. Los árboles parecían hechos de niebla sólida. El suelo de cenizas suaves. No se escuchaba nada.

Caminó sin conciencia de tiempo. Solo sus pasos, su respiración y silencio, hasta que el suelo cedió bajo sus pies sin violencia. Y cayó. Cayó largo, profundo, incontrolado. Incorporado, cuando parecía a punto de descubrir su nuevo destino, ¡oscuridad! ¡Todo estaba oscuro!

Instantes después se abrió ante sus ojos una especie de habitación pequeña, con paredes de papel pintado. Una ligera cama de madera y una estantería con juguetes. Sutilmente, una luz cálida entró por la rendija de la puerta.

Urán descubrió que se trataba de su habitación infantil... y él estaba allí. Pequeño. Dormido. Como si el tiempo se hubiera hecho un ovillo.

En un rincón, una figura quieta: su abuelo paterno, sentado en una silla y con los ojos cerrados. Muriéndose. Él lo sabía. Lo sintió con serenidad y lo observaba con una ternura nueva, infinita.

Entonces lo vio: una segunda forma emergía del cuerpo del abuelo. Su alma, serena, ligera, abierta. El abuelo lo miró y sonrió. No con sus labios, con todo su ser.

Y le habló:

—¿Ha sido largo el camino?

Urán no respondió. No hacía falta.

El abuelo se acercó y lo abrazó. No fue un gesto, se fundieron el uno en el otro. Como si al abrazarlo, lo disolviera en una música sin notas.

—Ahora duerme —susurró el abuelo, convertido en viento.

Y lo sostuvo en brazos. Y lo arrulló. Y en ese instante, todo desapareció: el cuerpo, el nombre, la historia. Y en ese sueño profundo, sin forma ni pensamiento, se reveló la Presencia.

ENCUENTRO

El sueño no fue olvido, sino tránsito. Allí donde las formas se disuelven, y el alma ya no busca ni teme, una última imagen, apenas un susurro, cruzó por su conciencia como un reflejo en el agua: el guía, su compañero fiel. Y sintió de repente que no podía recordar detalladamente su rostro, que su presencia llenaba el espacio y le proporcionaba seguridad, que su forma, poco definida, era también aquel ser invisible que le hablaba al principio, que le proporcionaba paz en cada paso...

Recordó sus manos. Manos que habían tocado otras heridas antes, muchas... Manos que conocían el dolor en su esencia primigenia.

Y en ese instante último, cuando todo ya se apagaba suavemente, comprendió... Con una certeza secreta que sólo se da al final:

El que lo acompañó en el Valle, el que lo sostuvo en la Torre, el que calló en el Areópago, quien lo dejó en el bosque blanco...

Guía, voz ausente, la figura, Morah...
¡Todos ellos!

No un hombre, no un avatar, el Amor en su expresión más excelsa, que toma forma para caminar con cada dolor, cada miedo, cada renuncia.

Urán entendió que el viaje no había sido prueba ni destino, sino el regreso. Y que cada estadio, cada caída, cada contemplación, había sido Camino, Verdad y Vida. Y descansó.

GLORIA

Un pecho abierto. Un latido vasto. Y allí, abrazado en lo invisible, donde los niños-luz susurran el Sueño Divino, el alma por fin puede decir —sin palabras—: Estoy en casa.

No en la nada. No en el fin. En el pecho del Padre, donde todo comenzó. Y donde todo, finalmente, vuelve a ser Uno.

No hay puertas, ni umbrales, ni caminos. Solo presencia. Una luz que no viene de fuera, sino de dentro, como si el alma, al llegar, descubriera que siempre había estado aquí. Que nunca se fue. Que el viaje no fue una huida, sino un regreso.

Y en ese silencio sin tiempo, Urán sintió cómo el diente de león que llevaba en su memoria se desprendía suavemente, como si hubiera cumplido su misión. Sus semillas brillaban en el aire, dispersas en el todo. Cada una era un amor vivido, un perdón dado, un gesto pequeño que marcó una vida.

No hubo juicio. Solo una mirada que contenía todo: el llanto no derramado, el deseo no cumplido, el amor en silencio, el perdón tardío. Y en esa mirada, no había condena, sino acogida. Como si una voz antigua, más allá del sonido, dijera:

"Bien hecho, entraste en el descanso del hogar. No por lo que hiciste, sino por lo que fuiste: un corazón que aprendió a amar."

Y entonces Urán comprendió que el viaje no había sido suyo, sino del Amor que lo acompañó en cada paso, en cada caída, en cada silencio.

Y descansó. No como quien se rinde, como quien por fin se reconoce.

EPÍLOGO, por Ignacio Ortiz Cabanas

Viático, caminar y andar hacia la experiencia de sentirse mirado y juzgado por amor. Este es nuestro camino y viático. Mirarnos cómo somos amados y no juzgados. Sentirnos acompañados en el caminar de la vida como quien camina confiadamente, entre luces y sombras, entre encuentros y desencuentros.

Es el camino de mi vivir entendido y comprendido. Cuando me miro, cuando busco sacar agua fresca de mi viático, advierto que mi mirada no puede ser fugaz. Necesito darme cuenta de que es un camino en el que he de cargar el agua de mi vida en un cubo que fácilmente se derrama. Grande o pequeño, he de llevarlo a la tierra y regar mi vida, y sentir las pérdidas en el camino como dificultades propias. Descubro la gratuidad del agua porque en mi caminar no solo me sirve a mí: riega otras tierras y otras vidas.

Es ponerse en camino hacia la historia de mi vida, hacia el Maestro: mirada que invita a verte, a dejarte amar. Mi viático me habla especialmente de perder el miedo a verme como soy: necesitado y amado. Donde soy mirado desde el amor, sintiéndome amado, soy capaz de entenderme, transformarme y, con humildad, verme, con errores entendidos y perdonados.

Soy amado, por eso me veo con sombras y luces. Soy amado, por eso, con humildad, puedo acercarme al otro, y a ese otro, y ver mi miedo, mi inseguridad, mi necesidad y mi egoísmo. Soy amado y así quiero ser eternamente, Señor, amado por Ti.

Ignacio Ortiz Cabanas
Misionero de la Sagrada Familia

Gracias

La experiencia del hombre está condicionada por lo que cada uno considera posible para cada situación. En las culturas precientíficas encontramos numerosos relatos de experiencias con seres divinos, con antepasados y con seres fantásticos. Viajes extraordinarios, vuelos, metamorfosis, precognición, retrocognición, simulcognición… Entonces era normal aceptar algo así porque estaba integrado en su visión del mundo.

La cultura científica posterior ha negado todo lo que no puede reproducirse en laboratorio, y lo que no puede explicar, asegura poderlo explicar en algún momento. Resulta curioso que la experiencia trascendente ha huido de la interpretación canónica en todas las tradiciones de la historia. Como curioso es que todo movimiento místico ha obstaculizado la interpretación literal de las escrituras, en las religiones oficiales consolidadas.

Sin embargo el universo simbólico y su acceso por parte del hombre ha sobrevivido a pesar de todo. El velo de la muerte y la distancia con la vida es y será el más grande enigma. Miles de obras, tratados y disciplinas han asegurado qué sucede cuando morimos y han descrito el proceso con todo detalle, gracias a relatos de experiencias extrasensoriales, en definitiva, de estados alterados de conciencia.

Esta obrita es un viaje al otro lado, fruto de mi imaginación. O no; no lo sé. Creo que realmente es literatura. Pero sentí la necesidad de escribirla y no dudé en hacerlo. Sería inmensamente feliz si el texto puede ayudar a perder el miedo a la muerte a algunas personas. Si te ha ayudado, escríbeme y me lo cuentas. Gracias por tu tiempo.

César Cid   escuchaconsuelo@gmail.com